88 Stufen bis Griechenland

Gedichte

88 Stufen bis Griechenland

Niko Papadakis

Gedichte

Gedichte	:	**Niko Papadakis**
Lektorat	:	**Helga Papadakis**

Vorwort

Die faszinierende Geschichte Griechenlands hat mich seit
Kindesbeinen begleitet. In einem sehr griechischen Elternhaus
aufgewachsen lernte ich schnell etwas über die minoische
Kultur und den Hellenismus.
Leonidas von Sparta, Alexander der Große, Kolokotronis und
viele mehr waren die Helden meiner Kindheit.
Je erwachsener man wird, ich rede hier nicht vom Alter, wird
auf einmal alles wieder lebendiger.
Der Surrealismus ermöglicht mir, meine Wirklichkeit
im Unbewussten und Traumerlebnisse als Quelle meiner
Eingebungen neu zu entdecken.

© 2018 Niko Papadakis
Herstellung und Verlag: BoD- Books on Demand, Norderstedt.
ISBN 97 837 481 847 82
Bibliografische Information der Deutschen Nationalbibliothek
Die Deutsche Nationalbibliothek verzeichnet diese Publikation in
der Deutschen Nationalbibliografie; detaillierte bibliografische
Daten sind im Internet über http://dnb.d-nb.de abrufbar.

Inhalt ab Seite 9

1

Meine Zeilen
Nicht immer klar aber tief aus dem Herzen
Meine Texte
Nicht immer anmutig aber aus meinem Blut

Ich möchte das Unausgesprochene sagen
Mit Leidenschaft und Liebe
Wie wenn die Buchstaben Noten wären
Ich bin nicht der
Der vorgibt ich zu sein
Ich bin nicht der, der Himmel und Erde verbinden
kann

Ich kann Lächeln
Ich erkenne die Nacht
Ich erkenne auch die Zweige der Bäume
Die Tränen in den Augen

Zerstört nicht die Schiffe die uns zusammen führen
Die Weisheit liegt
Im unvergesslichen Mut der Vorfahren

2

Mit den Jahren lernen wir Werte zu schätzen
Idealismus und Schönheit.
Als Jugendlicher hatte ich das Bild Marianne 68
Dauernd vor Augen
Als ein Mädchen bei einer Demonstration
Eine Vietnam Flagge
Zum Zeichen der Revolte hoch hielt
Die absolute Schönheit

Jahre später erfuhr ich
Das dieses Bild eine Pose war
Und mir wurde klar
Dass Gerechtigkeit und Schönheit
Nicht im Einklang sind

3.

Überall auf der Welt
Auch in unserem 21. Jahrhundert
Werden Mütter von den Kindern befragt
„Ist Papa in der Arbeit oder im Krieg"

Ich wünsche mir so sehr die Kraft
Verzeihen zu können
Die Menschen nach dem Guten was sie tun
Zu bewerten

Das Böse zu beurteilen ist so simpel.

4.

Wir haben nur zur Hälfte Recht
Die andere Hälfte ist noch unentschlossen

Wo ist die Gerechtigkeit
Im Bus sprach mich mein Nachbar an
Er fragte ob ich von weit her kommen würde
Ich sagte „ja" um nicht weiter reden zu müssen.

Ich hatte zur Hälfte Recht
Alles ist eine Sache der Gewohnheit
Oder wie meistens
Ein lächerliches Missverständnis

5.

Kurznachricht nach einem Song von Madonna
Und einem Song von den Beatles:

Ein Flüchtlingsboot nahe der griechischen Küste
Ist gekentert
34 Tote darunter 11 Kinder
Drei davon Babys.
Lauter Fremde
Gibt es eigentlich fremde Babys

Wo bleibt die Gerechtigkeit
Das Meer schafft sich seine eigene Gerechtigkeit.

6.

Es gibt so viele gefügige Worte
Es gibt auch symbolhafte Worte
Worte mit Kraft
Worte der Hoffnung

Wir wollen uns ändern
Und hoffen dass der Nächste damit beginnt
Und somit ändert sich niemand

Niemals ändert sich das Böse
Genauso wenig wie das Gute
Der innere Kampf schreibt unser Schicksal.

Ideologie ist nicht das was wir sagen
Es ist das was wir tun was bleibt
Alles andere leere Worte
Und der der behauptet die Welt ändern zu wollen
..... will uns nur verarschen.

7.

Kinder sind manchmal so einfach
Sie sehen nicht die Flagge des Terrors
Sie sehen die Leuchtfeuer
Wie wenn es Neujahrsraketen wären.
Sie meinen es wäre ein Spiel
„Komm Papa, lass uns noch mal raus gehen,
die Raketen sehen Papa, komm"

Nachdem dann zwei Stunden später
Ruhe eingekehrt ist, gehen sie vorsichtig raus
Eine alte Frau ruft nach ihrer Tochter
Leere Gesichter, leere Mienen

Hat jemand meine Tochter gesehen
Hat jemand mein Kind gesehen
Das ist diese Hübsche die immer hier spielt

8.

Seine Augen zählten die Jahre
Er dachte an die alten Zeiten
Und ein Augenblick konnte
Unzählige Jahre lebendig machen

Eine Dame ganz in schwarz
Pik oder Kreuz
Eigentlich unwichtig
Bruchstücke eines Lächelns
Und er möchte sie umarmen
So den Alptraum zu umgehen

Er kann sie riechen
Und sein Herz wird zum Urmaße
So legte er sich hin
Träumte wirr
Und erwachte mit der Gewissheit
Dass er noch am Leben war

9.

Alle werden bald gehen
Die Müdigkeit wird bleiben
Aber ich werde Dir nahe sein
Und Du lehnst Dich an mich

Alle werden bald gehen
Ermattet schaust Du und traurig
Es ist nicht das Jammern des Windes
Das Dich unglücklich macht

Alle werden bald gehen
Fremde wie Freunde zugleich
Es gibt unzählige Varianten
Mensch zu sein

Alle werden bald gehen
Nur Deine Schönheit bleibt
Wenn auch alles bewölkt und dunkel ist
Aus Deinen Augen leuchtet die Sonne

10.

Komm setz Dich ein Weilchen zu mir
Kannst Du Dich noch an unsere Gespräche erinnern
Das Schweigen oft als Mittler

Komm erzähl mir wieder was Lustiges
Damit ich mit Dir das teilen kann
Was ich so lange vermisse
Schau nicht nach dem Weg
Der von hier führt

Und so kommt die Zeit zurück
Als ich noch ein Junge war
Der jedes Deiner Worte als Gebet annahm

Zeig mir Deine Hände in der Dunkelheit
Setz ein Zeichen
Und das Licht Deiner Augen wird uns führen

11.

Die Sonne scheint unbeweglich
Die Stadt erinnert an Neros Rom
Unfähig mich zu bewegen
Suche ich nach einer Reaktion
Viele hunderte Male
Ohne Nachdenken zu müssen

Unendlich scheint dieser Tag
Und die Fehler der Vergangenheit
Werden die Fehler der Zukunft sein
Habe ich eine Bewegung gesehen
Wahrhaftig
In diesem Augenblick kommt
Die Hoffnung zurück
Und die Ketten
Werden von Bettlern im Hinterhof eingesammelt

Ewiges Kreisen um den Anfang zu finden
Und ich verpflichte mich
Die Bettler nicht zu vertreiben.

12.

Feldzug gegen die Dummheit
Sagtest Du und die Flugblätter flogen
Wie Schwalben
Du wolltest durch Mauern gehen
Auf unbekannte Gäste warten
Und auf die Botschaften lauschen

Großzügig sein trotz Harz IV
Die Wassertropfen zum Wasserfall ernennen
Erinnern um Vergessen zu können
Um die Welt ändern zu wollen

Hoffnung in der Hoffnungslosigkeit
Leuchtfeuer im Nebel
Ein Wandteppich aus alter Zeit
Ein Leben ohne Zeitschaltuhr
Lähmung als Aussicht

13.

Die Meisten seiner Nachmittage
Verbrachte er wartend

Abends dann sah er wie die Sonne
Am Koules unterging
Und in der Nacht war der Himmel
Schwarz

Eine Gruppe Halbwüchsiger spielte
Immer noch Fußball gegenüber im Park.
Aus einem offenen Fenster
Klang Musik von Mikroutsikos
Und die Tradition ermahnte ihn.

Blechern war die Musik
Und aus dem Nebel seines Gehörs
Vernahm er sogar Stimmen
Nein, er würde diesen Ort niemals verraten
Und Bettler würden in Palästen wohnen
Und Könige in Ruinen.

Man wird die Denkmäler neu errichten
Und in dieser Nacht war der Himmel
Silber, nicht schwarz

14.

Dir zuliebe
Preise ich den Mond an

Ich werde mich auf die Suche
Nach neuen Worten machen.

Die große Welt muss warten
Und im Spiegel der Versuchung
Ist die Unvollkommenheit versteckt.

15.

Die Wunde ist nicht verheilt
Die Sonne verabschiedet sich
Der Körper schwindet

Die Steine sind allgegenwärtig
Und das Meer
Lächelt einem zu
Wie die Denkmäler der Philosophen
Ich sehe diese nicht
vernehme nur leise ihre Stimmen
Die mir raten
Schnellstens einen Zufluchtsort zu suchen.

16.

Es war eine abgelegene Bar
Jemand begann
Eine Geschichte zu erzählen
Ich fragte ihn wer er sei
Ob er im Spiegel ein Gegenstück sieht
Und auf einmal erkenne ich mich reden

Regentropfen fallen
Die Meere sind inzwischen weit
Und ich höre Schritte die sich verspäten
„Lass uns zur Feier gehen"
Höre ich meine Stimme aus dem Off.

17.

Du bist einer der Vergessenen
Ein Mönch in der Großstadt
Mit einem Blumenbeet auf dem Balkon

Tagsüber schließt Du Dich ein
Um die Chance zu haben gerettet zu werden
Den Tag
Der endzeitigen Entscheidungsschlacht
Erleben wir zwischen zwei Werbepausen.

Du bist einer der Vergessenen
Und das Licht der Sonne
Lässt den Galgen
Als Blendwerk erscheinen.

18.

Schreib mir nicht vor
Wie oft ich über den Fluss gehe
Zeig mir nicht mit Macht
Die Pfade der Priester.

Den Ort wo Du mich vermutest
Habe ich niemals gesehen
Und der Rest sind die Pyramiden der Pubertät

Alles was uns fehlte
Ist das was wir längst haben
Rechne mir nicht vor
Wie viele Stunden ich schweigsam war
Berichte mir lieber
Von den Abenden als ich Dir vorsang

Einen Überfluss an Unsterblichkeit
Werden wir erreichen.

19.

Da ich immer in Eile bin
Bemerke ich nicht die rauschenden Feste
Die morgens beginnen wenn die Nacht endet
Da höre ich leise Klänge
Und die Monologe der Staatsschauspieler
Die unvorbereitet
Dunkelhäutige Menschen beobachten

Da ich immer in Eile bin
Finde ich die Ausgänge nicht
Und das Labyrinth wird von Lichtmasten beleuchtet
Die Maschinengewehre sind vorbereitet
Und ich höre die Klänge
Eines einsamen Waldvogels

20.

Er sitzt wieder an der Bar
Auf demselben Hocker
Eingang rechts zweite Reihe
Die Gesichter die später kommen ähneln sich
Wie jeder Märchenfilm
Er trägt die Rüstung der Vertrautheit
Seine Gedanken weit und abgelegen
Er hat sie wahrhaftig geliebt
Das glaubte er jedenfalls
So wie alle anderen vor ihr
Ihre Nacktheit
Wie die Fülle aller Gedanken
Er bestellte sich noch einen Drink
Und löschte ihre Nummer aus der Kontaktliste

21.

Träumer nanntest Du mich
Während die Aufpasser
Asylanträge unterschrieben
Die Geduld der Wälder ist bewundernswert

Man gab uns Nahrung
man gab uns einen Bettbezug
Man leerte uns Autorität
Aber man raubte unsere Geschichten
Die wie Blumen in der Wüste dahinwelken

Mit meinem Kummer zähle ich die Sterne
Mit meinen Tränen die Tage

22.

Jedes Deiner Worte
Jede Geste
Deine geheimen Gedanken
In der Lostrommel der Lotterie

Dein Stolz als Marktschreier
Und die dreißig Goldtaler
Nicht nur auf der Bühne
Von Jesus Christ Superstar

„Man beraubt uns" schriest Du
Und die Menschen ringsum sahen Dich an
Wie wenn an der Börse
„Die Elenden" von Hugo aufgeführt würde

Erst viele Jahre später bemerkte auch ich
Dass die Gier vor der Du damals Angst hattest
Längst alle Beweise der Standhaftigkeit
Auf dem Omonia Platz vergaß
Und die Waffenhändler bemerken nicht
Dass ihre Kunden
Längst zu Staub wurden

23.

Ich erkenne die Gesichter nicht
Da sie in Spiegelschrift erscheinen
Sie kommen oder gehen
Sie bleiben oder rücken vor
Wie eine Partitur in Blindenschrift.

Die Boten der Nacht
Sind Gefährten der Erklärung
Die ich niemals verlangte.

Hastige Momente wie die Narren auf der Bühne
Wenn die Drachen erscheinen
Und die Reisenden zurückkehren.

Wie viele Sonnenuntergänge kommen noch
Bis wir das Ignorieren
Was uns vom Selbstmord abhält.

24.

Seine Gitarre in der Hand
Den Hut tief ins Gesicht
Sang er: „ Du bist mein ganzer Trost"

Die Poesie dieser Stadt
Ist eine ferne Wolke, fern wie Napoleon
Von einem Sieg in Waterloo.

Passanten lauschen ihm zu
Und in der Dämmerung des Tages
Bemerkten wir dass die, die stehen blieben
gesichtslos waren.

Die Besiegten ernennen sich zu Siegern
Und das was als Unglück galt
Wird zur Brandfackel aller Hebammen
Die Augen sind bewölkt
Wie das Herbstlaub im Stadtpark.

Menschen kommen sich näher
Menschen entfremden sich
Und wir umarmen die Beständigen
Die der Musik lauschen.

25.

Und wenn wir uns jemals trennen sollten
Sei es nur für Sekunden
Wirst Du spüren wie mein Herz schlägt
Und wenn sie mir ewiges Leben versprechen
Würde ich die Sekunde mit Dir wählen.

Besuchstag ist Dienstag
Block B
Gang 2
Zelle 3

26.

Unterhalb der dunklen Treppenhäuser
Dort wo die Trauer lauert
Siehst Du die Ablehnung
In Leuchtbuchstaben.

Heute ist der Regen irgendwie anders
Ein Seufzer
Es kommt daher wie der Blues
Aus alten Chicago Tagen

Du bewohnst immer noch diese Kammer
Die wir vor Jahren verließen
Um den Waffenstillstand einzuhalten.

Die Henker stehen bereit
Und die Exekutionskolonne
Marschiert vom Südufer auf uns zu.

27.

Fünf Missionen hatte er noch vor sich
Die Zugreise nach Jakarta
Einen scharlachroten Teppich knüpfen
Drei Tage ununterbrochen schlafen
Für fünf Minuten Verräter sein
Dem Adel in den Arsch treten
Wie beständig ist doch dieser Traum.

28.

Eine vollkommene Absurdität
Ein ewig missverstandener Ton,
Eine ruhelose Stille
Während der Verkehr unaufhaltsam ist.

Nostalgie verkleidet als Frustration
Und ich höre wie der Schlüssel sich dreht
Um die Flucht zu ergreifen.

Einseitige Spannung
Und die Abwesenheit ist nichts anderes
Als ein Verhängnis,
Ein Schicksal

Fast geht der Tag wieder zu Ende
Die Stille fühlt sich heimisch an.

29.

Nah bei Dir
Strahlt die Sonne
Eintracht und Frieden

Raue Winde..... gibt es nicht
Es gibt keine Abhandlungen über Hass
Harmonische Atemzüge
Und alle Rückblenden verblassen.

Nah bei Dir
Ist die Natur gewiss
Keine Gegenpäpste zu haben.

Niemand als nur die Groschenblätter
Wird eine Untersuchung
Zur Feststellung des Glücksgefühls anstreben
Und die Gondelführer verdrängen
Die Poesie

30.

Die Sonne brannte Muster in unsere Herzen
Eine lange Regennacht
Die bis zum Morgengrauen andauerte
Malte Strichmännchen
Auf den Fassaden

Abwesend waren wir zugegen
Vielleicht weil die Wachposten
Statt auf uns zu achten
Fußball spielten
Und das Grün der Wiese wurde langsam grau

Die Provisorische Brücke über den Fluss
Mussten wir nur noch überqueren
Um die Schatten zu vertreiben
Den Morgen zu begrüßen

Die Jäger betreten den Wald
Als wären sie in einer Arena
Und die Gladiatoren stellen sich
Zum Gruppenfoto auf
Ein Trompetenklang
Und die Wüste Gobi
Wird überflutet

31.

Wir treffen Personen
Ohne Lippen und Augen
Sie unterhalten sich mit Zeichen
Die sie sich gegenseitig auf die Handfläche malen

Sie fühlen wie das Blut
Durch die Adern fließt
Und hören die Lieder
Die noch niemand gesungen

Sie empfinden die Freude
Und sie Lachen über Witze
Die erst noch zu erzählen sind
Sie reisen auf unerforschte Ebenen
Und erleben Momente des Glücks

32.

Manchmal spricht der Wind für mich
Und wie gerne würde ich
Der Ast Deiner Gedanken sein
Wenn die Lippen schweigen
Sind die Erinnerungen an der Reihe

Unter der Haut fließen Flüsse
Und die Lieder von Tsitsanis
verstummen in den Tavernen
Dein Lachen erstickt
Und die Generäle befehlen den Rückzug

Dein Kopf ruht auf meiner Schulter
Die Sonne weicht dem Mond
Schwere Schritte sind zu hören
Und der Verfall beginnt in Abschnitten

Wir wollten mehr
Alles
Doch wir wissen viel zu wenig
Weil wir schon gestern begannen
Die Zufriedenheit zu preisen

Manchmal spricht der Wind für mich
Er flüstert Dir zärtliche Worte zu
Der Wind verstellt sich niemals

33.

In einem leeren Kinosaal
Beim sternenlosen Himmel
Fliehen wir vor der Realität
Und all die Abenteuer
Von Indianern und U-Boot Kapitänen
Sind frei erfunden

34.

Die Bettler haben sich versammelt
Mackie Messer hat sich längst verabschiedet
Soho ist am Abgrund
Kerzenlicht an den Scheiben
Männer weinen
Frauen klagen
Kinder rüsten auf.

Der Herbst ist längst vergessen
Die Pferdekutschen auf dem Abstellgleis
Nur die Märtyrer lauern
In den engen, dunklen Gassen

Der triumphale Einzug
Hat nicht stattgefunden
Und er klammert sich
An den Zipfel eines Mantels
Kurz vor der Grenze zu Griechenland

35.

Die Kinder schlafen auf Strohmatten
Und in den schlaflosen Nächten
Träumen sie von Lossprechung
Träumen sie von Freiheit
Die es nie geben wird

Es gibt keinen Zweifel mehr
Sie werden die Sonnenstrahlen sehen
Während die Anderen
Im Hafen auf Schiffe warten
Die längst untergegangen sind

Ein Ende ist nicht abzusehen
Und mit einer nur für mich erfundenen
Gebärdensprache
Schreie ich nach Gerechtigkeit

36.

Und ich erzielte Weltrekorde
Der Mount Everest war nur ein kleiner Hügel
Überquerte den Atlantik
Und landete auf dem Mond

Paul Bocuse kochte meine Soßen nach
Und Hemingway schrieb meine Gedichte ins Reine
Antonio Stradivari baute meine Geigen nach
Und .....
„Halt ein, wie ist das nur möglich"
Fragte man mich und ich erwiderte
„Ist so einfach, Sie liebt mich"

37.

In diesem Moment
Wenn wir um Sekunden altern
Und die Müdigkeit sich verirrt
Die Stimme brüchig wird
Erkennen wir
Während zweier Atemzüge
Das nur die Liebe
Uns am Leben hält

Halt diesen Gedanken fest
Atme, atme.

38.

Sie legte Sanft ihre Hand an seine Brust
„Beruhige Dich" sagte sie
„Ich will Dir lediglich die dunklen Wolken
Vertreiben, spürst Du meine Energie?"
Und als er sanft ausatmete
Nahm sie ein Skalpell
Und durchtrennte seine Schlagader

39.

Jetzt verlangt die Zeit ihren Tribut
Während wir in verschiedenen
Bahnhöfen warten.

Verriegle die Tür
Unwillig lassen wir uns lenken
Der Vorhang ist längst gefallen
Und man bestimmt über uns
Als wären wir die Marionetten
Die wir gestern waren.

40.

Sie träumen in Etappen
Aneinanderreihung von Situationen
Die so niemals real werden können.
Die Reihenfolge ist nicht wählbar
Tango der Unwirklichkeit
Und die Balance ist gespielt.

Er musste weinen
Als die Gewissheit wahr wurde
Dass die Risse der Zeit
Nur eitle Übertreibungen sind
Fremde werden immer fremd bleiben.

41.

Und plötzlich sehe ich
Wie Du mich anschaust
Unsere wahre Natur erklingt aus Deiner Stimme
Ich wage es nicht wegzuhören
Konzentriere mich darauf
Die Sterne nicht vorbeiziehen zu lassen
Und all die die dachten
Dass es das nur noch in schwarz-weiß Filmen gibt
Erleben uns in Ultra HD

42.

Es war wie ein Tanz der Masken
Und der Winter findet uns
In der Dämmerung
Die Menge schlängelt sich an uns vorbei
Und die Welt scheint nur noch
Verfaulte Zinnsoldaten beherbergen zu wollen
Zwischen der Nachtschicht
Und dem ersten Sonnenstrahl
Lauschen wir den Antworten
Und wir begreifen
Das Vorhandensein der Leere
Ist zwingend notwendig.

43.

Wie bitter die Zeit
Wenn ich bei offenem Fenster
Die Laternenlichter beobachten kann
Die hastigen Passanten nachleuchten

Ich spreche niemals von Dir
Weil die Liebe keine Worte benötigt
Und wenn der Vollmond geht
Habe ich die Kraft Dein zu sein
Durch die Phantom Durchgänge
Werde ich kommen
Licht und Schatten sind vereint

Das dunkle Boot ist zu sehen
Du bist stets mein Hafen
Und aus dem Obergeschoss
Sind Schritte einer Statue zu hören
Und die Laternen
Leuchten den despotischen Wind an

44.

Die Rosen binden das Wasser
Die Fensterläden geschlossen
Sowohl die Nacht als auch die Sonne
Haben sich mit dem Rhythmus
Solidarisiert
Der die Stille zur Stille macht

Jetzt, wo ich nichts anderes spüre
Sind die Wände hell erleuchtet
Ich spreche zu mir
Und meine Stimme ängstigt mich da ich
Mich zwischen einem erfolglosen
Und einem unendlichen Weg entscheiden muss

Es ist noch früh in der Nacht
Wie das Erwachen einer Jugend

45.

Und wenn die Wehwehchen beginnen
Notgedrungen durch die Jahre
Die wir schon auf Erden sind
Ist es stets Frühling wenn ich Dich sehe

Und wir fliegen der Musik entgegen
Die durch unsere Adern fließt
Es spielt keine Rolle ob Du was sagst oder nicht
Ich höre Dir immer zu
Und Dein Name neben den Planeten
Auf der Gedenktafel der Geschichte
Eine Ewigkeit ohne Dich
Wäre ein Himmel ohne Sterne.

46.

Lasst mich hier sein
Hier wo die Schönheit unvorstellbar erscheint
Hier wo der Mai dem Oktober gleicht
Hier bist Du
Zwischen einer Mauerspalte
Und dem Wasserfall des Versinkens
Mein und doch dem Sommer geweiht
Lasst mich hier sein
Wo man das Brot mit denen teilt
Die keine Demütigung dulden
Die in Kellergeschossen leben
Und trotzdem das Penthaus genießen
Lasst mich hier sein
Wo die Sonne auf Deinen Haaren tanzt

47.

Hinter diesem Fenster
Derselbe Blick
Der Aufzug ist wieder defekt
Die Papier Drachen fliegen wirr
Und die Liebenden ritzen ihre Initialen
In die Bäume

Willkürliche Lügen
Verschönern keine Morgenröte
Auch nicht am Ende jeder Äußerung

Der Baum ist alt geworden
Und wo einst der Wald war
Steht eine unfertige Statue
Von Kolokotronis

48.

Du fängst mich auf
Und wie ein Schiff ohne Kapitän
Träume ich von Träumen in Lagunen.

Die Reise durch Salz und Grünspan
Fehlgeleitet und doch so Zielstrebig
So erinnere ich mich an Zeiten
Als die Leidenschaft nur Verschwendung war

49.

Auf einmal stand er wieder vor mir
Unverwischbar und Lebendig
Ich fragte ihn wo er hingehen möchte
Er sagte zum Wind
Und wir suchten die Wände ab
Nach Werbeplakaten für die Kolonisierung

Die Indianer brechen ihr Lager ab
Die Evangelisten ihre Zelte
Und er stand auf einmal da
Trank den Ouzo leer
Und dann prostete er mir zu:
„Wenn auch die Freiheit ihren Stil verloren hat
Wir haben stets die richtige Maske an"
Und er wurde zum Schatten

50.

Auf diesem Platz wurden früher Menschen gehenkt
Bettler Posen heute
Für ein Sandwich oder ein Bier
Der Akt des Erzählens ist vollbracht
Der Nebel wird geteilt
Zwischen zwei leeren Blättern
Hoffnungslos

Die Haut löst sich auf
Die Galgen sind längst nackte Tränen im Ozean
Der Stoff der Mönchskutten fühlt sich sonderbar an
Der Kampf
Die Selbstbeherrschung zu erlangen
Beginnt

51.

Sicherlich weine ich öfters
Über die verlorene Zeit
Die Zeit in der ich Dich nicht kannte
Die Narben sind sichtbar
Wie unschuldig die Welt auch erscheinen mag

Die Musikanten sind zu hören
Sie singen mit der Sonne
Und schweigen in der Dämmerung
Wie wenn die Winde keine Noten
Malen könnten

Wann sonst wenn nicht jetzt
Ist die Zeit gekommen
Die Leitern zu erklimmen
Die Boote vom Stapel zu lassen

Die Wasserfälle sind noch weit
Das Purpur mutterseelenallein
Und trotzdem überall sichtbar
Mit der Melodie der Zäune
Die uns getrennt haben
Erheben wir uns

52.

Ein Greis mit lichtem Haar
Zitternden Knien
Eisgrauem Gesicht
Runzliger Haut
Befehle und Anordnungen
Gebrüll im flackernden Sturm
Seltsam alles hier
Um am Ende des Tunnels
Das Leuchtfeuer der Granaten.

53.

Du fragtest wo Griechenland sei
Und ob die Seele einen Vornamen hat
Du fragtest wo die Poeten sind
Und ob das Standbild verglühen würde
Du fragtest nach der Einsamkeit
Und ob diese schmalen Gassen real sind
Du fragtest ob die Herzen leuchten
Und ob die Kapitäne jemals zur See fuhren
Du fragtest wo Ruhm und Ehre geblieben sind
Und ob die Liebe jemals Bestand hätte
Du fragtest ob eine Sünde verschwenderisch sei
Und ob der Morgentau silbern wäre

Du fragtest wo Griechenland sei
Da waren es noch 5 Sekunden
Bis zur Isolation

54.

Deine Schönheit
Einzig für mich
Gleich den Säulen auf der Akropolis

Deine Gefühle
Gleich der Atemluft
Analog dem gerechten Urteil

Deine Ausstrahlung
Betäubend und Verblüffend
Lebendig voller Esprit

In einigen Jahren
Oder vielleicht auch morgen
Wird der Saturn vor Ehrfurcht verglühen

55.

Gemeinsam fliegen wir
Dem Regen entgegen
Denn das was bleibt
Ist die heilige Sonne
Im Meer der Treue

Hoffnung und Leben
Zwei ewige Begleiter
Wie Wahrheit und Menschlichkeit

Wenn ich singen könnte würde ich es tun
Wenn ich zaubern könnte
Würde ich mein Bestes geben
Und jeder Kuss von Dir
Eine Anbetung

Und meine Sinne beben
Vor dem Lagerfeuer des Martyriums

56.

Die Chance auf Frieden besteht
Wie die Chance die Gefühle
In einer perfekten Syntax einzuordnen
Der Sommer geht
Einen Herbst gib es nicht mehr
Und die Nächte
Nur schwarz wie ein Oliven Hain.
Der Raum des Fanatismus
Auf einmal meilenweit offen
Und die Mahner beschließen
Ihre Inspiration zu legitimieren.

57.

Eine Nostalgie zur Zerstreutheit
Gedankenlos lieben
Und Generationen hintergehen
Die Berge schmelzen
Die Meere versinken
Die Jungfrau Maria erahnt nicht
Dass sie hintergangen wird

Die Lösung
Wenn es eine geben sollte
Hat Edgar Allan Poe nie beschrieben

Generationen beginnen
Die Risikobereitschaft zu erwecken
Die braune Brut der Comic Schurken
Wird wie einst bei den Thermopylen besiegt
Und wir sehnen uns an die Zeit
Wo die Ozeane noch tief grün waren.

58.

Und so ändern wir den Schmerz
Indem wir die Jahre dazwischen ignorieren
Und es war Dein Schmerz
Der sich als Algorithmus
In Deiner Empfindung festgefressen hat.

Irgendwo weit weg
Am anderen Ende des Globus vielleicht
Dort wo es noch Telefone
Mit Wählscheibe gibt
Die analog die Gründe aufzählen
Und man Dich glauben lässt
Dass Konservatismus
Ein Fortschritt ist.

Sadisten und Parasiten
Sind quälende Schmarotzer
Unmissverständlich bekennt er sich
Zur Wahrheit
Die er sich in Folterkellern
Erworben hat.

59.

Wir haben unsere Freunde gesucht
Auf der anderen Halbkugel des Meeres
Wir haben die Wildheit gesucht
Und die Urwälder des Seins

Wir haben die Sieger gesucht
Und die Besiegten gefunden
Wir haben die Bomben gesucht
Um die Opfer zu erkennen

Wir haben in den Schornsteinen gesucht
In der Tiefe des Ozeans
Wir haben im Kinderlachen gesucht
Um die Tränen zu erkunden.

Wir haben die Liebe gesucht
Wir haben die Liebe gesucht

60.

Das Flüstern der Steine
Die Musik in Reimen
Gedichte die zitiert
Und sofort gelöscht werden

Verschlossene Türen
Verstand in Prozentualen Elementen
Zwischen dem Vergessen
Und dem Selbstmitleid

Die Jahre schlagen sich
In unseren Körpern
Und die Vögel fliegen nicht mehr dem Süden zu
Öffne das Fenster
Verschließe niemals die Türen
Siehe wie Griechenland versteigert wird

61.

Die Angst auf der Lauer
Die Unentschlossenheit im Verstand
Und die Bedrohung zwischen den
Ersten Gedanken an Unabhängigkeit

Die Stimmen werden lauter
Die Fahnen wehen stärker
Dein Körper neigt sich dem Abgrund zu
Dort wo die Ahnungslosigkeit
Hinter einer Mauer wartet

Leere Teller
Unbewegliche Statuen
Und die Autos fahren autonom
Richtung Syntagma Platz

Im Radio stets die gleiche Stimme
Treueschwüre auf Vaterland und Kirche
Auf Kirche und Vaterland
Die Liebe jedoch unantastbar einsam
Hinter dem Denkmal
Des unbekannten Soldaten.

62.

Wir versteckten die Liebe
In alten Müllsäcken
Und schlossen sie mit den Träumen ein
Und die Liebeslieder
Von Parios
Wie das abrupte Ende eines Theaterstücks

Form und Schatten ändern sich
Ein Blendwerk an Ideologien
Und aus dem Off erklingen diese Worte
Die die Schauspieler
Im zweiten Akt verloren haben

Das Projekt Aufbau beginnt
Und die Protagonisten verstecken sich
Hinter der Kulisse
Mit dem grünseidenen Muster.

Lass uns dieses Schauspiel preisen
Als wäre die Ewigkeit
Auf den steinernen Stufen des Lykavittos.

63.

Wir sind die Anderen
Die den Stillstand bekämpfen
Das Glück erzwingen
Die Schatten jagen.

Wir sind die Anderen
Die die Fahnen schwenken
Die Wut bekämpfen
Die Grenzen niederreisen.

Wir sind die Anderen
Die um Ihr Essen kämpfen
Die Leidenschaft
Die Opfer der Nostalgie

Wir sind die Anderen
Die Hoffnung preisen
Sich nach den geflüsterten Worten sehnen
Und ihnen Gehör gewähren

Die Analogie der Sterne begann
Als der Hellenismus unterging und
Platon, Sokrates und Aristoteles
Zu Emigranten wurden

64.

Du sprichst von einer Heimat
Ein Land von dem Du träumst
Um es zu verkaufen
Die Reklameschilder werden neu aufgestellt
Und das was Du Ruinen nennst
Sind Zeichen der allerersten Kultur.

Wir werden lernen müssen in den Bergen zu leben
Um unsere Ernährung zu kämpfen
Und Steine werden von nun an
Unsere Streithähne sein.

Vandalismus als Touristische Attraktion
Und unser Kosmos
Wird verbunden werden mit der Unterwelt.

Wir werden von Revolutionen träumen
Eine Blütezeit der Zukunft
Blaue Landschaften gibt es nur noch im Museum
Und das Licht wird die Dunkelheit zu respektieren
lernen.

Wir werden wieder die Philosophen bemühen
Um unsere Sinnlosigkeit zu begreifen
Und die, die uns verspottet haben
Halten Volksreden
Vor dem Grab des unbekannten Soldaten.

Wir werden die Fremden zu Freunden machen
Ein Wunschbild erschaffen
Die Utopie begreifen
Um wieder sprechen zu lernen

65.

Vergiss was Du gelernt hast
Vergiss die Gesellschaft und die einsame Tode
Vergiss die Zeit
Und Du wirst erkennen
Dass die Worte der Verwirrtheit
Unsere eigenen Worte sind

Einsame Wanderungen in den Katakomben
Gefängnisse die Überfüllt
Monologe von Anmaßungen
Und Du, der Held aus den Comic Heften
Erscheinst im zweiten Akt auf der Bühne

Du hast die Sonne angezogen
Den Mond verdunkelt
Überall auf der Welt
Nimmt die Feigheit ihren Lauf
Wir verherrlichen die Orte
Der vergessenen Generationen

66.

Im Niemandsland lasse ich mich nieder
Den Fluss zur linken
Das Meer zur rechten
Und wenn die Himmel wieder
Miteinander streiten
Werde ich Bertolt Brecht anrufen

Ich brauche keine Wände in dem Haus
Keine Boote um auf dem Fluss zu fahren
Der Palmengarten Deines Lachens reicht mir aus
Oder das Zwiegespräch mit Leonard Cohen

Die Himmelsrichtungen sind einerlei
Denn Du bist stets der Südwind
Und auf dem Vorhof kreisen
Vergessene Erzählungen von Katzantzakis

Dämonen und Schlagbäume sind verblichen
Die Überlebenden einer erloschenen Kultur
Können sich nur an Johanna von Orleans erinnern
Und an Dich

67.

Im Frühling singen die Vögel
Nur für Dich
Und der Wasserfall endet kurz vor der Fallzone
Die Blumen sprechen mit uns
Die Blumen
Erinnerst Du Dich an diesen Tag
Du fragtest: „Wie fühlst Du Dich"
Und ich zeigte Dir die Richtung zur Plaka

Tausend Mal bin ich vorbei
Ohne auf die Blume zu achten
Die zwischen Spalten ihre Schönheit präsentiert

Meine Seele irgendwo dort
Wo Du geboren
Und ich mich vor der Außenwelt versteckte
Du sandtest mir einen Kuss
Und der Chor stimmte
„Apo ta kokkala wjalmeni", an
Noch fünf Tage bis Griechenland

68.

Alles ist so schnelllebig
Die Nacht bricht an und der Tag erwacht
Manche schlafen in Bettdecken
Andere auf dem Boden einer Aussegnungshalle
Manche verstecken sich in Leinen
Andere fühlen sich von der Schöpfung verlassen.
Die Nachtwolken sind dunkler als sonst
Und in den Adern des Hades fließt leuchtendes Blut

Die Kinder spielen
Um den Hunger zu vergessen
Die Decke der Blindheit
Erfüllt vollkommen ihren Zweck.
Die Fledermäuse verkünden den neuen Monat
Und die Wohltätigkeit erstickt im Zeitraffer

Im Morgengrauen sehe ich Dich
Ein himmlischer Stern Dein Glanz
Und die Gesichter die wir erkennen
Taumeln im Meer der Dunkelheit.
Für einen Moment vergesse ich die Unachtsamkeit
Und ich werde zum Paten Deiner Sterne
Morgen scheint der Mai zu kommen.

69.

Zwei Namen auf der Tafel
Die Poesie krabbelt wie ein Kleinkind
Die Hunde bellen der Politik nach
Die Fresken sind frisch angemalt

Die Musen haben Ausgang
Die Politiker übernehmen das Denken
Und die Schatten gegenüber der Akropolis
Finden keinen Pfad zu den Körpern

Alle geben sich jetzt so erwachsen
Algorithmen der Dummheit
Die Problemlösung ist dann die Verletztheit
Die wir zurück lassen

Das Echo ist verstummt
Und die Folterer haben freie Tage erhalten
Eine Menge drängelt sich an mir vorbei
Viele lächeln andere beten die Astrologie an
Und wir suchen vergeblich
Die Namen
Und sind erleichtert

70.

Wach auf mein Herz
Und darin liegt der Wille der Empfindungen
Lass die Freude eindringen
Die Lieder und die Tänze
Die Leidenschaft des Erblickens

Die Sterne werden neu entdeckt
Die Realität
Wird zu wunderbaren Erzählungen
Und Seltsames wird versteigert
Ideen schrittweise verwirklicht

Wach auf mein Herz
Und lass uns die Wege gehen
Um den kursiv geschriebenen Anmerkungen
auszuweichen
Und eines Nachts im April
Erschallt wie in einem Hollywood Film
Ein Schrei in der Wüste

71.

In dieser Welt weint er
Eine andere gibt es nicht
Hier teilt er seine Wunden
Mit unbekannten Göttern

Er vermisst seine Träume
Er vermisst die Sonne
Die blauen Häuser
Und den Atem seiner Liebe

Er wird wieder einschlafen
Ohne die so zarte Umarmung
Allein mit der Gewissheit
Dass alle anderen
Heuchlerisch mit ihm trauern
Dieses Land
Nannte er mal sein

72.

Du erweckst die Wolken
Im Tempel Deines Herzens
Und im Tal fließt Blut
Die Wehklagen sind überall vernehmbar
Schnee mischt sich mit Staub
Knochen zersetzen sich in Flammen

Und plötzlich erkennen wir
Aus den Flammen empor
Die Helden unserer Kindheit
Sie sprechen zu uns
Erzählen uns die Geschichten der Versuchung
Und berichten vom Rausch

Ich versuche mir vorzustellen
Ich wäre inmitten dieser
Die degeneriert über ihre Taten prahlen
Die Wahrheit liegt wieder einmal dazwischen

73.

Der Hellenismus
Ist im heiligen Licht zu sehen
Augen die blutleer
Folgen dem was übrig blieb

Blitze
Sehenswert wie immer
Fahren uns durch die Haare
War Adam wirklich der erste Mensch
War nicht ein Mönch vor ihm auf der Welt?

Propheten in den Parks
Zitieren das Bild der Seelen
Die sie in Frauenhäusern oder Waisenheimen finden
Moderne Paradiese
Schmach der Aneinandergeratenen

Sie schlugen unsere Körper
Symbolisch
Sie hinterließen uns ein Zeichen
Und die Unterwelt folgt uns auf Facebook

Ausschweifungen der Ideale
Unbekleidete Skelette
Lügen
Stacheln
Und auf dem Fahrwasser zum Parthenon
Fragt einer nach dem Weg zur nächsten
Gaskammer

74.

Stets sind es blaue Gesichter
Die uns nachschauen
Die Welt
Ob die reale oder die von Gaudi
Versteckt sich hinter der Biegung

Manche zerschlagen die Bäume
Andere verstecken sich in den Dächern
Die Farben sind unbestimmt
Und das Leben entsteht aus einer Wurzel.

Hausfrauen und Kioskbetreiber
Fond-Manager wie auch Fließbandarbeiter
Hören wie die Sonne entflieht
Fühlen wie die Atmosphäre weicht
Die Welt wird blau
Wie die Gesichter
Auf ungedeckten Schecks
Wie eine Zufriedenheit
Die niemals einkehrt.

75.

Die Träume von gestern
Vermischen sich mit den Erwartungen
Sie murmeln ein Gebet
Und der Prophet hat einen anderen Namen

Der Dunstkreis steigt
Die Dächer sind so niedrig
Dass nicht einmal der Horror Platz findet
Und gegenüber im Dom
Sind wartende Engel auf der Lauer.

Unschuldige Nadeln bohren in
Unschuldigen Adern
Der Schmerz wird für wenige Stunden
Isoliert

Die Nacht schmilzt
Es gibt nur hässliche Verlierer
Und die Hoffnung
Auf einen natürlichen Schlaf

76.

In ihrem Bild
Erkannte er eine euphorische Trauer
Die sie stets ausstrahlte
Wenn man von der Vergangenheit sprach

Welche prächtigen Tempel
Die zu Staub zerfallen
Lediglich als Zwischenspiel
Bis man dem Sonnengott
Einen neuen weiht

Die Zukunft entweder aus Palmblättern
Oder Kieselsteinen
Ist düster
Lämmer und Wölfe trinken aus derselben Quelle
Der vage Glaube an Frieden
Wird in Fragebögen beraten
Die Sklaverei der Herzen
Zerfällt mit der Würde des Glöckners
Dessen Skelett neben dem der Esmeralda
Gefunden wurde

77.

Beuge nicht Deinen Verstand
Lass Deine Augen glitzern
Zerrissene Körper
Sind stets Zeichen des Aufbruchs

Schluck nicht das Schlangengift herunter
Hörst Du die Klänge der Geigen
Hörst Du das Tropfen des Blutes
Sei der Prophet
Sei der Mahner
Sei das Gewissen
Der ungeschriebenen Gesetze.

Lass die Ideen erleuchten
Und führe uns zum Sieg
Über die Dunkelheit

78.

Die Tränen kamen ohne Ankündigung
Vielleicht weil es Frühling war
Oder er den Brief fand
Als er sich vom Leben verabschiedete
Tautropfen im Wasserbecken
Der Erinnerungen

Die Rosen blühen nicht mehr
Die Diamanten haben ihren Wert verloren
Die Frauen der Verzweiflung
Verfallen in die Trostlosigkeit
Seine Augen
Leer wie noch niemals zuvor
Es regnet
Und die Kirsche im Cocktailglas ist einsam
Wie eine ausgelöschte Sonne
Klopft an der Pforte des Todes

Die Tränen waren vorbestellt

79.

Zeus erweckt die Schluchten
Diese ummauern die Sonne
Und der Blitz beleiht die Meere mit Kraft
Poseidon ist sein Untertan und sein Begleiter
Die Umarmung der Väter der einzige Schutz

Seite an Seite kommen sie von überall her
Bringen Gaben und Geschenke
Gold und Sirup
Und die Gemeinschaft der Götter
Erstickt in Harmonie.

Athene ist immer noch
Mit ihrem Olivenzweig beschäftigt
Die Hirten sind friedliebend
Und die Schatten sind wirklichkeitsfern

Die Weisheit der Könige
Der Widerstand der Meere
Das Licht der Hoffnung
Die Segel die der Wind arbeitslos macht
Erfreuen sich am Reichtum der Natur

Die Zukunftsangst ist allgegenwärtig
Nur Deine Stimme ruft:
Hoch lebe die Herrlichkeit von Hellas

80.

In der Mitte ruht der Löwe
Die Schiffe werden von Untoten befahren
Die Segel sind schwer
Getränkt in Blut
Ägypter, Araber und Römer
Nur noch Statisten in einem Bienenschwarm
Die Nachkommen der Hellenen
Archäische Nachkommen
Figuren eines Schattenspiels
Angst ermächtigt zur Flucht
Die Herrlichkeit war einst
Die einzige Wahl
Die Todesart zu wählen
Wir schreiben den 29. September
Salamis ist unser

81.

Wir warten immer noch
Auf einen Zug, ein Schiff oder ein Flugzeug
Wir warten und beobachten die Zeit
Versuchen zu begreifen
Auf wen oder was wir warten.
So schreiben wir unsere Geschichte
Mit Warten und Hoffen.

Die Hoffnung, so sagte mal ein alter Mann
Ist eine Fortsetzung der Verzweiflung
Und wenn Hoffnung Verzweiflung ist
Was bedeutet dann Angst?

Die Angst scheint irgendwo dazwischen zu sein
Der Strohhalm den wir halten
Der Ostwind der uns erstarren lässt.
Die Aussicht auf das Ende des Zögerns.

82.

Ohne Mentor und Lehrer
Lernte ich Dich lieben
Da der Traum der Türme begann
Kein Regen mehr
Keine Verzweiflung
Keine trennenden Waben
Die Rosen erblühen
Wie Lorbeer für einen Olympioniken
Und die Zuflucht in Deinen Augen
Wenn es draußen stürmt
Lässt die Sonne aus dem Sumpf
Und die Tränen
Sind Smaragde

Liebe heißt zerreißen
Die Nacht streicht über uns
Und unser Tanz scheint Makaber
Das Leuchten in unserem schneebedeckten Herz
Ist der Aufbruch

Wanderer, kommst du nach Sparta….

83.

In unseren Sommererinnerungen
Beneiden wir die Schmetterlinge
Die das Sterben vergessen
Und ohne es zu erahnen
Bücher mit Liebesgedichten bedrucken

Wir dursten nach Agonie
Und stillen unser Verlangen
In den Zisternen des Parks
Und während ich die Geschichte meines Lebens
niederschreibe
Sind die Häfen leer
Der Geschmack im Mund salzig
Und die Spiegel formlos

Die Gebäude die das Geheimnis der Feuer
bewahren
Haben verborgene Türen
Sensible Träume wagen wir
Substanzlose Visionen
In Ikonen

Klagelieder
In scharlachroten Buchstaben
Werden durch die Liebe verdrängt
Komm näher
Die Fesseln sind zerbrochen

84.

Vierter November

Sie sind gegangen an demselben Wochentag
Eines Tages einfach so
Keine Stimme und kein Lächeln

Jeweils in der Nacht
Auf einmal zwei Sterne mehr am Himmel
Dafür leere Straßen
Leere Wohnungen
Leere in uns

Die Flaggen verfaulen
Die Träume
Im falschen Behälter
Lichter die erlöschen
Kann auch der tiefste Schmerz nicht
Wieder anknipsen

85.

Die Straßen werden umbenannt
Die Abfahrt wird neu abgestimmt
Die Leute sprechen auf einmal miteinander
Die Theaterkarten ausgebucht
In den Clubs ist der Blues angesagt
Die Straßenkehrer tragen Krawatten
Die Zeitungen sind voll von Annoncen
Die Krankheiten verbannt.

Die Namen der alten Herrscher vergessen
Die Rentner wollen wieder leben
Die Teenager gehen auf einmal zur Schule
Die Arithmetik der Ideen ist begrenzt
Und auf der anderen Seite des Lebens
Die angestrebte Schlussfolgerung
Die verurteilten Tage beginnen aufs Neue

86.

Die Dichter bleiben ungelesen
Der Puls der Straße
Weint den verlorenen Möglichkeiten nach
Die Körper kommen in eine Lostrommel
Und Athen wird über Nacht unsichtbar

Einsamkeit in feuchten Hinterhöfen
Ohne Burgen und Ritter
Und eine Tulpe die Mutterseelenallein
Den Tag ankündigen möchte
Wird achtlos gelassen

Manchmal beobachte ich Menschen
Deren einzige Eigenschaft
Der Duft ihres Deos ist
Immer dann ernenne ich mich zum Sündenbock
Und spiele den Clown

Dann atme ich in Deinen Haaren und wess
Dass es noch Hoffnung gibt

87.

Nach so vielen Jahren
Gehen sie wieder zusammen aus
Er wird geehrt für eine lange Betriebszugehörigkeit
Und sie gehört schließlich zu ihm
Sie schauen sich nach so langer Zeit in die Augen
Um zu sehen was übrig geblieben ist

Der Anzug passt ihm immer noch
Und sie sieht in ihrem Kostüm wie eine Managerin
aus
Wenn sie auch täglich bei McDonald sauber macht

Sie hat ein buntes Band in den Haaren
Und versucht sich zu erinnern
Wann sie das letzte mal
Länger als 5 Minuten vor dem Spiegel poste

So oft träumte sie wiedergeboren zu werden
Eine Berühmtheit zu sein
Songs zu schreiben
Und von einem Clown verführt zu werden

An diesem Abend schlief sie glückselig ein
Mit der Gewissheit
Dass die Clowns ausgestorben sind

88.

Wenn ich eine Selbstbeherrschung habe
Dann ist es die Geduld
Die Jahre bis zum Morgen auszuhalten
Die Tage sind wie Dunst
Aus Menschen die in die Vernichtung gehen

Es sind die Atemzüge der Herzen
Der Rest ist lediglich
Die Benommenheit am Morgen

Er hat es nie geschafft die Morgenröte zu sehen
Er hat nur das Polster vor dem Fenster
Damit das Tageslicht
Die Fresken auf seiner Wand
Mit ihrem Bild bedeckt

Die Alpträume klopfen an die Tür
Die Ideen sind ausgestorben
Maschinen regieren uns
In den Knochen wächst die Angst
Mit der Hoffnung eines Tages
Die Gerechtigkeit zu erkennen

**Im Zeitraffer Eckdaten der griechischen
Geschichte:**

Ca. 3300-1100 v. Chr. erlebte auf Kreta die
welthistorisch bedeutende minoische Kultur ihre
erste Hochblüte. Auf dem Festland entwickelte sich
um 1600 v. Chr. die mykenische Kultur, die erste
Hochkultur des europäischen Festlands.
Ca. 1450 v. Chr. eroberten die Festlandsgriechen
das minoische Kreta und übernahmen auch die
Macht auf den Kykladen, der Dodekanes und
weiteren Inseln.
Während der klassischen Periode, 5. Jahrhundert
v. Chr. bestand Griechenland aus Stadtstaaten. Der
bedeutendste war Athen, gefolgt von Sparta und
Theben.

Der Wunsch nach Unabhängigkeit und Freiheitsliebe
verhalf den Griechen zum Sieg über die Perser. In
der zweiten Hälfte des 4. Jahrhunderts v. Chr.
eroberten die Griechen, angeführt von Alexander
dem Großen, den größten Teil der damals
bekannten Welt.
146 v. Chr. fiel Griechenland an das Römische
Reich. Damit endete die politische Geschichte des
unabhängigen Griechenland für fast zwei
Jahrtausende. Doch lebte die griechische Kultur
auch unter der Herrschaft des Römischen Reiches
fort und prägte seit dem zweiten vorchristlichen
Jahrhundert zunehmend auch die römische
Zivilisation.

330 n. Chr. verlegte Kaiser Konstantin seine
Hauptresidenz nach Konstantinopel und legte damit
den Grundstein für das oströmische Reich, das
später als Byzantinisches Reich bekannt wurde. Das
Byzantinische Reich fiel 1453 an die Osmanen. Die
Griechen blieben fast 400 Jahre lang unter
osmanischer Herrschaft. Während dieser Zeit

bewahrten sie aber ihre Sprache, Religion und Identität.

Am 25. März 1821 erhoben sich die Griechen gegen die Türken und erkämpften bis 1828 ihre Unabhängigkeit. Die in Argos tagende neue Nationalversammlung wählte am 17. März 1832 den Prinzen Otto von Bayern, den zweitgeborenen Sohn König Ludwigs I. von Bayern, als König Otto I. König von Griechenland. Griechenland wurde zur Monarchie und sollte es bis 1974 bleiben. Der erst 17 Jahre alte König traf im Februar 1833 in Nafplio ein, der Hauptstadt des neuen Staates. 1834 wurde die Hauptstadt nach Athen verlegt. Für den minderjährigen König regierte bis zu dessen 20. Geburtstag ein Regentschaftsrat. Danach übernahm Otto selbst die Regierungsgeschäfte, die er nach Art eines absoluten Monarchen ausübte, bis ihm 1843 eine Rebellion von Militär und Volk eine Verfassung abnötigte.

Wichtigster Unterstützer der „Großen Idee" war Premierminister Eleftherios Venizelos, der in den Balkankriegen von 1912 bis 1913 das griechische Territorium tatsächlich auszudehnen vermochte. Ziel war es, weiterhin alle Gebiete mit mehrheitlich griechischer Bevölkerung Griechenland anzugliedern. Nachdem sich Premierminister Eleftherios Venizelos gegen Konstantin I., den Sohn Otto I, durchgesetzt und diesen ins Exil gezwungen hatte, trat Griechenland 1917 in den Krieg gegen die Mittelmächte und deren Verbündete Bulgarien und das Osmanische Reich ein. Venizelos hatte zeitweise eine eigene Gegenregierung gegen die königliche Regierung mit eigenen Streitkräften gebildet, die den Norden des Landes, Kreta und die ostägäischen Inseln kontrollierte. 1917 hatte er daran mitgewirkt, König Konstantin I. ins Ausland zu vertreiben und den

Thron dessen Sohn Alexander zu überlassen. Nach
dessen Tod und der überraschenden Abwahl von
Venizelos (der daraufhin ins Exil ging) kehrte
Konstantin 1920 zurück.
1919 versuchte man mit Billigung der Siegermächte
die türkische Niederlage zu nutzen, um auch
Ostthrakien und das damals von Griechen bewohnte
Gebiet von Smyrna (heute İzmir) unter griechische
Kontrolle zu bringen. Es wurde eine griechische
Armee nach Kleinasien entsandt, um das Gebiet von
Smyrna zu befrieden. Diese drang ins Landesinnere
vor und wurde kurz vor Ankara geschlagen.
1922 endete der Griechisch-Türkische Krieg in der
„kleinasiatischen Katastrophe". Im Vertrag von
Lausanne 1923 wurde ein radikaler Bevölkerungs-
austausch vereinbart.

Im Zuge der einvernehmlichen gewaltsamen
Vertreibung der jeweiligen nationalen Minderheiten
in Griechenland und in der Türkei verschwand 1923
das seit fast drei Jahrtausenden dort ansässige
Griechentum fast vollständig aus Kleinasien.
1,1 Millionen Christen, darunter auch viele Armenier,
zogen nach Griechenland, im Gegenzug schickte
man 380.000 Muslime in die Türkei. Der
massenhafte Zustrom der Flüchtlinge änderte die
ethnische und soziale Zusammensetzung
Griechenlands. Ein Teil der Flüchtlinge konnte in den
hinzuerworbenen Gebieten angesiedelt werden.

Am 12. März 1924 wurde Alexandros Papanastasiou
zum ersten Ministerpräsidenten der Zweiten
Griechischen Republik gewählt. Daraufhin ging
König Georg II ins Exil. In einer Volksabstimmung
am 13. April 1924 stimmten dann die Wähler für die
Abschaffung der Monarchie.
Im November 1935 bekamen wieder die Royalisten
die Oberhand und riefen König Georg II. Dieser
kehrte auf den Thron zurück. Bei instabilen
parlamentarischen Mehrheiten ernannte der König

im April 1936 Ioannis Metaxas zum Präsidenten des Ministerrates. Nach der blutigen Niederschlagung von Arbeiterunruhen suspendierte Metaxas Parlament und Verfassung und installierte ein autoritäres Regime, das bis April 1941 andauerte. Während des Zweiten Weltkrieges griff Italien 1940 Griechenland an. Die griechischen Streitkräfte konnten die Invasionstruppen aufhalten. Schließlich kam im April 1941 Deutschland Italien zu Hilfe. Italien und Deutschland besetzten Griechenland. Partisanen leisteten Widerstand gegen die Besatzer. Der Befreiung schloss sich ein vierjähriger Bürgerkrieg an. (Quelle mehrere Geschichtsbände)

Begriffe, die in den Gedichten vorkommen:

Gedicht 13: „ Koules"

Das "Castello a Mare" (oder "Koùles") ist eine Festung am Eingang des alten Hafens von Heraklion auf Kreta. Es wurde im frühen 16. Jahrhundert von der Republik Venedig erbaut. Die Festung besteht aus zwei Teilen: einem hohen rechteckigen Teil und einem etwas niedrigeren halbelliptischen Teil. Seine Wände sind an einigen Stellen bis zu 8,7 m dick und es gibt drei Eingänge. Die Festung hat zwei Stockwerke mit insgesamt 26 Räumen, die ursprünglich als Kaserne genutzt wurden, ein Gefängnis, Lagerräume, ein Wasserreservoir, eine Kirche, eine Mühle und eine Bäckerei.

Gedicht 13: „ Mikroutsikos"

Thanos Mikroutsikos, * 13. April 1947 in Patras, ist einer der führenden Komponisten der griechischen Volks- und klassischen Musik. Er vermischt eine Reihe von Musikrichtungen in seinen Werken. Mikroutsikos komponierte eine Vielzahl von Liedern, die ihre Wurzeln in Gedichten griechischer oder ausländischer Dichter haben. Thanos Mikroutsikos ist außerdem seit den 1960er Jahren politisch aktiv. Während der Zeit der Militärdiktatur (1967 bis 1974) wurde er vom Regime verfolgt. Von 1994 bis 1996 war er Minister für Kultur.

Gedicht 22: „ Omonia Platz"

Der Omonia-Platz ist ein Platz in Athen. Er markiert einen Eckpunkt des sogenannten Handelsdreiecks im Zentrum Athens, dort beginnen die Straßen Stadiou und Panepistimiou. Die Station Omonia der Metro Athen unter dem Platz ist ein bedeutender Verkehrsknotenpunkt der Stadt.
Obwohl der Kreisverkehr zurückgebaut wurde und der Platz nun besser für Fußgänger zugänglich ist, hat er seine Bedeutung als Treffpunkt Athens, die er für einige Jahrzehnte vom Syntagma-Platz übernommen hatte, weitestgehend eingebüßt. Er gilt nun als Eingang der multikulturellen Stadtteile, die direkt angrenzen.

Gedicht 32: „ Tsitsanis"

Vasilis Tsitsanis, * 18. Januar 1915 in Trikala, Griechenland; † 18. Januar 1984 in London, war ein griechischer Komponist, Bouzouki-Virtuose und Sänger.
Tsitsanis wird als einer der wichtigsten Vertreter des Rembetiko angesehen und als der Komponist gehandelt, der diese Musik sehr stark weiterentwickelte. Er hat mehr als 600 Lieder auf Platten aufgenommen. Meistens spielt er bei seinen Stücken selber Bouzouki und sang zweite oder dritte Stimme. Viele seiner Lieder sind auch heute noch sehr populär, wie z. B. Synefiasmeni Kyriaki (Bewölkter Sonntag), das während der Besetzung Griechenlands durch die Deutschen komponiert wurde. Obwohl der Text des Liedes keine politischen Anspielungen enthält, wurde es immer wieder politisch interpretiert. Es gehört zu den bekanntesten Liedern Griechenlands.

Gedicht 47: „ Kolokotronis"
Theodoros Kolokotronis, * 3. April 1770 † 15.
Februar 1843 war ein griechischer Freiheitskämpfer.
Schon in seiner Jugend durchzog er die Peloponnes
als Bandenführer. Als er 1806 von den Türken
verfolgt wurde und nach Zakynthos fliehen musste,
trat er auf den unter britischer Verwaltung stehenden
Ionischen Inseln in den Kriegsdienst ein. Ab 1821
galt Kolokotronis als einer der Hauptanführer der
Griechen. Nach der Ermordung des Präsidenten
Ioannis Kapodistrias am 9. Oktober 1831, dessen
Anhänger Kolokotronis war, wurde er zum Mitglied
der provisorischen Regierungskommission gewählt.
Feindselig zeigte er sich gegenüber der
Regentschaft König Ottos.
Er wurde angeklagt, Verschwörungsversuche
unternommen zu haben, und nach seiner Verhaftung
am 7. Juni wurde er wegen Hochverrats zum Tode
verurteilt. Diese Strafe verwandelte der König in eine
zwanzigjährige Festungshaft. Nach kurzer Zeit
gewährte König Otto ihm bei seinem Regierungs-
antritt am 1. Juni 1835 Amnestie.

Gedicht 54: „ Akropolis"
Die Akropolis in Athen ist die wohl bekannteste
Vertreterin der als Akropolis bezeichneten
Stadtfestungen des antiken Griechenlands. Die
Athener Akropolis mit ihren bemerkenswerten
Gebäuden wird deshalb oft einfach „die Akropolis"
genannt. Den ältesten Teil der Stadt Athen ließ
Perikles nach der Zerstörung durch die Perser neu
erbauen. Auf einem flachen, 156 Meter hohen
Felsen stehen die zwischen 467 v. Chr. und 406 v.
Chr. erbauten Propyläen, das Erechtheion, der
Niketempel und der Parthenon.

Gedicht 57: „Thermopylen"
Die Thermopylen waren eine Engstelle zwischen
dem Meer und dem Kallidromosgebirge in
Mittelgriechenland mit hohem strategischen Wert in
der Antike, da sie den einzigen Weg von der Küste
am Malischen Golf nach Innergriechenland
darstellten. Heute ist der Durchgang
durch Versandung mehrere Kilometer breit.
Ihren Namen verdanken die Thermopylen zwei
heißen Quellen.

Gedicht 61: „Syntagma Platz"
Der Syntagma-Platz, „Platz der Verfassung", ist ein
Platz im Zentrum Athens.
1837 wurde der Platz als Musenplatz angelegt und
war das Zentrum der neuen Innenstadt. Infolge
der Revolution des 3. September 1843 verkündete
König Otto von einem Balkon des königlichen
Schlosses seine Zustimmung zur konstitutionellen
Monarchie. So erhielt der Syntagma-Platz seinen
heutigen Namen.

Gedicht 62: „Parios"
Giannis Parios, * 5. März 1946 auf der Insel Paros ist
einer der bekanntesten Sänger Griechenlands.
Seine ersten Auftritte hatte er bereits 1969.
Er arbeitete mit den führenden griechischen
Komponisten zusammen. Er schreibt eigene
Liedtexte und komponiert auch oft selbst.

Gedicht 62: „Lykavittos"
Der Lykavittos, deutsch „Wolfsberg" ist der Stadtberg
Athens. Dem Mythos nach hat Athene diesen Berg
nach Athen gebracht, um einen Schutzwall vor der
Akropolis zu errichten.
Mit seiner Höhe von 277 m ist er die höchste
Erhebung im Stadtzentrum und bietet damit eine

gute Aussicht auf die Sehenswürdigkeiten Athens. Bei guten Sichtverhältnissen lässt sich von hier aus der ganze Großraum Athen und seine Kessellage zwischen Gebirgszügen und dem Saronischen Golf im Süden überblicken.

Gedicht 63: "Hellenismus:
Als Hellenismus wird die Epoche der antiken griechischen Geschichte vom Regierungs- antritt Alexanders des Großen von Makedonien 336 v. Chr. bis zur Einverleibung des ptolemäischen Ägyptens, des letzten hellenistischen Großreiches, in das Römische Reich im Jahr 30 v. Chr. bezeichnet.

Gedicht 63: „Platon"
Platon, * 428/427 v. Chr. in Aigina; † 348/347 v. Chr. in Athen war ein antiker griechischer Philosoph. Er war Schüler des Sokrates, dessen Denken und Methode er in vielen seiner Werke schilderte. Die Vielseitigkeit seiner Begabungen und die Originalität seiner wegweisenden Leistungen als Denker und Schriftsteller machten Platon zu einer der bekanntesten und einflussreichsten Persönlichkeiten der Geistesgeschichte.

Gedicht 63: „Sokrates"
Sokrates, * 469 v. Chr. in Alopeke, Athen; † 399 v. Chr. in Athen, war ein für das abendländische Denken grundlegender griechischer Philosoph, der in Athen zur Zeit der Attischen Demokratie lebte und wirkte. Zur Erlangung von Menschenkenntnis, ethischen Grundsätzen und Weltverstehen entwickelte er die philosophische Methode eines strukturierten Dialogs, die er „Hebammenkunst" nannte. Sokrates selbst hinterließ keine schriftlichen Werke. Die Überlieferung seines Lebens und

Denkens beruht auf Schriften anderer, hauptsächlich
seiner Schüler Platon und Xenophon.

Gedicht 63: „Aristoteles"

Aristoteles, * 384 v. Chr. in Stageira; † 322 v. Chr. in
Chalkis auf Euböa, war ein griechischer Gelehrter.
Er gehört zu den bekanntesten und einflussreichsten
Philosophen und Naturforschern der Geschichte.
Sein Lehrer war Platon, doch hat Aristoteles
zahlreiche Disziplinen entweder selbst begründet
oder maßgeblich beeinflusst. Aus seinem
Gedankengut entwickelte sich der Aristotelismus.
Der aus einer Arztfamilie stammende Aristoteles
kam mit siebzehn Jahren nach Athen. Im Jahr 367 v.
Chr. trat er in Platons Akademie ein. Dort beteiligte
er sich an Forschung und Lehre. Nach Platons Tod
verließ er 347 Athen. 343/342 wurde er Lehrer
Alexanders des Großen, des Thronfolgers im
Königreich Makedonien. 335/334 kehrte er nach
Athen zurück. Er gehörte nun nicht mehr der
Akademie an, sondern lehrte und forschte
selbständig mit seinen Schülern im Lykeion. 323/322
musste er wegen politischer Spannungen Athen
erneut verlassen und begab sich nach Chalkis, wo er
bald darauf verstarb.

Gedicht 66: „Kazantzidis"

Stelios Kazantzidis, * 29. August 1931; † 14.
September 2001 war einer der populärsten
griechischen Sänger des 20. Jahrhunderts. Als Sohn
einer pontischen Flüchtlingsfamilie in Athen
aufgewachsen, war er schon im Alter von 14 Jahren,
nach dem Tod seines Vaters gezwungen, auf dem
Bau und in verschiedenen Fabriken zu arbeiten, um
so seine Familie miternähren zu können. Eines
Tages schenkte ihm sein Chef, begeistert von seiner
Stimme, eine Gitarre. Ab diesem Zeitpunkt
verbrachte er jede freie Minute damit, Lieder auf

seiner Gitarre zu spielen und dabei zu singen. Durch Zufall hörte ein Musikproduzent, der an Stelios Kazantzidis Haus vorbeilief, diesen beim Üben eines Liedes. Er nahm Kazantzidis sofort unter Vertrag. Damit wurde der Grundstein für eine lange und erfolgreiche Karriere gelegt.
1950 spielte Stelios Kazantzidis zum ersten Mal öffentlich. Im Juli 1952 nahm er seine erste Platte auf. Im Laufe seiner Karriere wurde Stelios Kazantzidis in Griechenland zu einer lebenden Legende.

Gedicht 67: „Plaka"
Die Plaka ist einer der ältesten Stadtteile Athens am Fuß der Akropolis. Sie liegt zwischen den Metrostationen Akropolis und Monastiraki und grenzt an Psirri und die heutige Innenstadt. Der Name „Plaka" war vor dem Griechischen Unabhängigkeitskrieg nicht in Gebrauch. Die Herkunft des Namens ist unklar. Volksetymologisch stammt er von der arvanitischen Bezeichnung pliak Athena („altes Athen") oder er könnte auf eine Platte Bezug nehmen, die einen zentralen Punkt der Stadt markierte.

Gedicht 67: „Apo ta kokkala wjalmeni"
Die ‚Hymne an die Freiheit' ist die Nationalhymne Griechenlands. Der Text entstammt dem gleichnamigen, 1823 von Dionysios Solomos geschriebenen Gedicht aus 158 Vierzeilern, die Musik stammt von Nikolaos Mantzaros. Seit 1865 ist der Ymnos is tin Eleftherian die Nationalhymne Griechenlands. Er wird seit 1966 auch als Nationalhymne der Republik Zypern genutzt.
Er erklingt außerdem bei den Feierlichkeiten der modernen Olympischen Spiele als Erinnerung an deren Ursprungsort.

Deutsche Nachdichtung:
„Ja, ich kenn' dich an der Klinge
deines Schwerts, so scharf und blank,
wie auf diesem Erdenringe
schreitet dein gewalt'ger Gang.
Die du aus der Griechen Knochen
wutentbrannt entsprossen bist,
die das Sklavenjoch zerbrochen,
holde Freiheit, sei gegrüßt!"

Gedicht 73: „Parthenon"

Der Parthenon ist der Tempel für die Stadtgöttin
Pallas Athena auf der Athener Akropolis.
Er wurde zum Dank für die Rettung der Athener und
Griechen durch die Göttin nach dem letzten
Perserkrieg als dorischer Peripteros erbaut. Im Laufe
der Geschichte Griechenlands diente das Gebäude
unter anderem auch als Schatzkammer des
Attischen Seebunds. Der Parthenon ist eines der
berühmtesten noch existierenden Baudenkmäler des
antiken Griechenlands und eines der bekanntesten
Gebäude weltweit. Das Gebäude beherrscht als
zentraler Bau seit fast 2.500 Jahren die Athener
Akropolis.

Gedicht 80: „Salamis"

Die Seeschlacht von Salamis fand am 29.
September 480 v. Chr. zwischen Griechen und
Persern bei Salamis statt, einer Insel in der Nähe
von Athen.
Diese Schlacht war eine der bedeutendsten
Seeschlachten im Mittelmeerraum in der Antike. Sie
wird von einigen Historikern neben der Schlacht von
Marathon, als dasjenige Zentralereignis in der
abendländischen Geschichte gewertet, das mithalf,
die Zivilisationsgeschichte Europas eigenständig
gegen die des Ostens zu behaupten.

Gedicht 82: „Wanderer kommst du nach Sparta"

In der Neuzeit wurde die Thermopylenschlacht immer wieder als Beispiel für einen heroischen Opfertod in Anspruch genommen: In unmittelbarem Bezug auf den Schauplatz bediente sich die Propaganda der angloamerikanischen Machtsphäre im Zweiten Weltkrieg des Symbolgehalts, als im April 1941 deutsche Truppen vor der Niederwerfung Griechenlands standen. Thomas Mann sagte in seiner BBC-Ansprache – in der Annahme, die Griechen verteidigten sich selbst – über diese Thermopylenschlacht von 1941: „Ein Grieche steht gegen sechs oder sieben von euch. Dass er es wagt, dass er den Engpass der Freiheit mit seinem Leibe deckt, ist erstaunlich –Die Griechen sind's wieder – und wer seid ihr?"

Das Zitat in der Übersetzung Schillers:
„Wanderer, kommst du nach Sparta, verkündige dorten, du habest uns hier liegen gesehn, wie das Gesetz es befahl."

Diese Verse des Dichters Simonides von Keos sollen im altgriechischen Original als Inschrift auf dem Gedenkstein für die Spartaner gestanden haben, die sich 480 v. Chr. bei der Verteidigung der Thermopylen gegen die Perser bis auf den letzten Mann aufopferten.

Bisher erschienen:

Jetzt und Immer
Ein übersprungener Tag
Verpasste Augenblicke
Träume töten ohne Warnung
Die Gesellschaft Deiner Seele
Ein Lächeln, das Dir wieder Leben einflößt
Na sou po….. Geschichten aus Griechenland
Griechische Wurzeln
Käpt´n Einauge im Märchenland
Griechenland liegt im Hinterhof
Vier Tage Mytilini oder Das Bewusstsein der
Ohnmacht
Gedichte 1995-2015
Kreta mit allen Sinnen
Kreta im Herzen
Gesichter Kretas

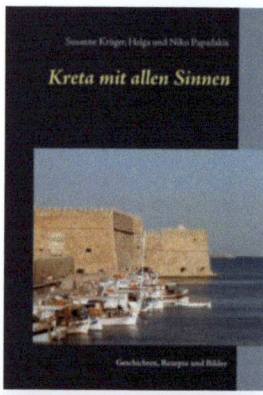

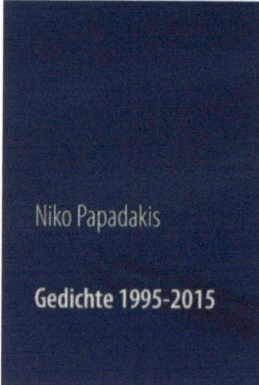

Niko Papadakis ist im Norden Griechenlands geboren und lebt seit seinem siebten Lebensjahr in Deutschland. Alle vier Großeltern haben kretische Wurzeln und immer öfters bereist er mit seiner Frau Helga die Insel. Sein Beruf ist technischer Kaufmann im Maschinenbau. Seine große Liebe (außer natürlich Frau und die drei Kinder) ist es, seine Gedanken und Vorstellungen niederzuschreiben. Mehrere Gedichtbände bzw. Kurzgeschichtenbände sind inzwischen veröffentlicht.